Walther Küppers

John Locke und die Scholastik

Walther Küppers

John Locke und die Scholastik

ISBN/EAN: 9783744642538

Hergestellt in Europa, USA, Kanada, Australien, Japan

Cover: Foto ©ninafisch / pixelio.de

Weitere Bücher finden Sie auf **www.hansebooks.com**

John Locke und die Scholastik.

Inaugural-Dissertation

zur

Erlangung der philosophischen Doktorwürde

verfasst

und mit Genehmigung der philosophischen Fakultät
der Universität Bern

veröffentlicht

von

Walther Küppers.

Berlin.
Druck von H. S. Hermann.
1895.

Abkürzungen
der oft angeführten Werke.

Works	bedeutet:	the works of John Locke, London 1794, in 9 Bänden.
II,19,4 (u. ähnl.)	„	Lockes essay concerning human understanding, 2. Buch, 19. Kapitel, § 4.
de Fries	„	de Fries, die Substanzenlehre John Lockes. Inaug.-Diss., Bremen 1879.
Bénoit	„	v. Bénoit, Darstellung der Lockeschen Erkenntnisth., Preisschrift, Bern 1869.
Hartenstein	„	Hartenstein, histor.-philos. Abhandlungen, Leipzig 1870.
Bourne	„	Fox Bourne, the life of John Locke, London 1876.
K. Fischer	„	Kuno Fischer, Francis Bacon und seine Nachfolger (2), Leipzig 1875.
Curtis	„	M. M. Curtis, an outline of J. Lockes ethical philosophy, Inaug.-Diss., Leipzig 1890.
Geil	„	G. Geil, über die Abhängigkeit Lockes von Descartes, Inaug.-Diss., Strassburg 1887.
Sommer	„	Sommer, Lockes Verhältnis zu Descartes, Preisschrift, Berlin 1887.
Ritter	„	Ritter, die christl. Philos., Göttingen 1858 1. Band.
Hauréau	„	Hauréau, de la philosophie scolastique, Paris 1850, 2. Band.
Rousselot	„	Rousselot, études sur la philophie dans le moyen-âge, Paris 1842, 3. Band.
Stöckl	„	Stöckl, Gesch. der Philos. (2), Mainz 1875.
Stöckl II	„	Stöckl, Gesch. der Philos. des Mittelalters, 2. Band, Mainz 1865.
Werner	„	Werner, die nominalisirende Psychologie der Scholastik des splteren Mittelalters, in den Sitzgsber. der hist.-phil. Klasse der Kaiserl. Akad. der Wiss. in Wien, 99. Band.
Linsenmann	„	Linsenmann, über Gabriel Biel in der Tübing. Theol. Quartalschrift, Jahrg. 1865.

Einteilung.

A. Das einflussreichste Urteil, das in Deutschland über Locke gefällt worden ist, ist das von Kant. Leibniz, sagt er,[1] „intellektuierte die Erscheinungen, sowie Locke die Verstandesbegriffe . . . . . insgesamt sensifiziert, d. i. für nichts als empirische oder abgesonderte Reflexionsbegriffe ausgegeben hatte. Anstatt im Verstande und in der Sinnlichkeit zwei ganz verschiedene Quellen von Vorstellungen zu suchen, ... hielt sich ein jeder dieser grossen Männer nur an eine von beiden, die sich ihrer Meinung nach unmittelbar auf Dinge an sich selbst bezöge, indessen dass die andere nichts that, als die Vorstellungen der ersteren zu verwirren oder zu ordnen." Dieser Auffassung haben sich die meisten Darsteller der Lehre Lockes rückhaltslos angeschlossen. So Rich. Quäbicker, Lockii et Leibnitii de cognitione humana sententiarum inter se oppositarum disquisitio. Inaug.-Diss., Halle 1868. Nihil est in intellectu quod non antea fuerit in sensu, soll nach Seite 21 Lockes Grundsatz sein. Ebenso Friedr. Herbst, Locke und Kant, Inaug.-Diss., Rostock 1869, S. 8. 16. Kissel, de ratione, quae Lockii inter et Kantii placita intercedat. Diss. inaug., Rostock 1869. Theod. Becker, de philosophia Lockii et Humii. Diss. inaug., Halle 1875, S. 11. Edm. König, über den Substanzbegriff bei Locke und Hume. Inaug.-Diss., Leipzig 1881. Rudolf Palm, Wie begründet Locke die Realität der Erkenntnis? Inaug.-Diss., Jena 1881, S. 5. 39. Herm. Winter, Darlegung und Kritik der Lockeschen Lehre vom empir. Ursprunge der

---

[1] Kritik der reinen Vernunft. Sämtl. Werke. herausg. von Hartenstein 1867, III, 281.

sittl. Grundsätze. Inaug.-Diss., Bonn 1883, S. 1. Schärer,
John Locke, Leipzig 1860, S. 61. 89, und schliesslich
K. Fischer, S. 653 und Bourne, II, 110.

Die von diesen vertretene Ansicht, Locke sei „der Vater
des modernen Sensualismus", ist bis auf den heutigen Tag
die herrschende. Die nicht dazu passenden Aeusserungen
Lockes über übersinnliche Dinge erklärt man dabei entweder aus kluger Anpassung an den Zeitgeist oder man
macht Locke den Vorwurf, er habe aus Mangel an Scharf-
sinn und Folgerichtigkeit nicht erkannt, dass er mitunter
verschiedene einander ausschliessende Anschauungen ver-
menge. So E. Strötzel, zur Kritik der Erkenntnislehre von
John Locke. Inaug.-Diss., Berlin 1869, S. 15 f. Manly, contra-
dictions in Lockes theory of knowledge. Inaug.-Diss.,
Leipzig 1885. v. Hertling, John Locke und die Schule von
Cambridge, Freiburg 1892, S. 93: „der empiristischen Ten-
denz hält eine ebenso starke rationalistische die Wage."
V. Cousin, la philosophie de Locke, Paris 1876, S. 259: „à
chaque pas des abimes de paralogismes." S. 108: „Wider-
sprüche grob wie ja und nein," „innombrables inconsé-
quences."

Seit 1857 hat aber eine Reihe von Untersuchungen zu
dem Ergebnisse geführt, dass Locke durchaus kein Sen-
sualist und Empiriker im modernen Sinne ist. So Th. Webb,
the intellectualisme of Locke, Dublin 1857. Drobisch in der
Zeitschrift für exakte Philosophie, 2. Band, Leipzig 1862, S. 2.
Hartenstein, S. 392. Windelband, Gesch. der neueren Phil.,
Leipzig 1878, S. 245 f. Ebenso Curtis, 33 ff., Sommer und
Geil.

Aber auch diese Forscher halten noch daran fest, dass
Locke als den Träger der sinnlichen Vorstellungen das Gehirn ansehe, und fassen das, was Locke Seele nennt, nicht
als ein vom Körper verschiedenes Wesen auf, sondern
höchstens als ein unfassbares geistiges Subjekt mit eigenen
Fähigkeiten und angeborenen Kräften (Drobisch 9. 10).

Erst v. Bénoit erkennt und beweist, dass selbst die gewöhnliche sinnliche Wahrnehmung nach Locke nicht eine Funktion des Gehirns, sondern „eine eigene selbständige Thätigkeit des Geistes" ist. Der Geist ist der Träger einer „von
den Sinnen ganz unabhängigen Gedankenwelt" und „prin-
zipiell vom Körper verschieden". S. 12 f. 17. 23. 45.

Von hier aus thut de Fries 1879 in seiner Schrift über
die Substanzenlehre Lockes einen bedeutenden Schritt weiter,
indem er die sensualistisch-empirische Auffassung Lockes, wie
sie z. B. K. Fischer vertritt, gänzlich widerlegt (S. 39 ff.)
und nachweist, dass nach Locke die Seele eine reale, vom
Körper grundverschiedene Substanz ist, die ein völlig selb-
ständiges Leben nach eigenen Kräften und Gesetzen führt.
Alles subjektive Leben, Wahrnehmen und Erkennen, Empfinden und höheres Fühlen und alle Willensäusserungen sind
dem Nervensysteme, der Materie entrückt und in die von
Gott geschaffene unsterbliche Seele verlegt.

Wenn de Fries darin Recht hat, fällt alles, was man
bisher über Lockes Sensualismus und über seine kritische
Haltung dem Substanzbegriffe und der Metaphysik gegenüber gesagt hat, haltlos dahin. Wir müssten uns dann
Lockes philosophisches System ganz von neuem aufbauen.
Obwohl nun in der ganzen seit 1879 entstandenen Literatur
meines Wissens Niemand die Arbeit von de Fries berück-
sichtigt hat, kann ich nicht umhin, sie für durchaus unan-
fechtbar und massgebend zu halten. Denn ohne von ihr
zu wissen, bin ich zu einer Anschauung von Locke ge-
kommen, die bis in die kleinsten Einzelheiten mit der von
de Fries übereinstimmt. Eine Schrift, in der ich das Ergeb-
nis meines eingehenden Studiums der Lockeschen Schriften
zusammengefasst hatte, lag bereits druckfertig unter dem
Titel: „John Lockes Gedankenbau in neuer Beleuchtung"
vor mir, als ich die sie teilweise überflüssig machende
Arbeit von de Fries kennen lernte.

Doch nicht nur das. Auch Lockes grosser Zeitgenosse

Leibniz urteilt über Lockes Metaphysik ebenso. Schon Hartenstein hat 1870 gezeigt, dass Leibniz wenigstens nicht der
entschiedene Gegner Lockes ist, als den ihn Quäbicker noch
1868 hinstellte. In Wirklichkeit ist die berühmte Stelle der
nouveaux essays sur l'entendement humain, wo er den Grundsatz: nihil est in intellectu, quod non autea fuerit in sensu,
durch den Zusatz: excipe: nisi intellectus ipse widerlegt, gar
nicht auf Locke, sondern auf die wirklichen Sensualisten
jener Zeit gemünzt. Leibniz weiss, wie aus den Aeusserungen
des Philalèthe, den er Lockes Lehren dialogisch vertreten
lässt, hervorgeht und wie er selbst als Théophile in den
Bemerkungen zu II, 1, § 2 des Essays zugiebt, sehr wohl,
dass nach Locke die menschliche Seele so gut wie der
Körper eine wirkliche Substanz, aber eine besondere Substanz mit besonderem Vermögen ist und dass die dieser
Substanz eigentümlichen Lebensäusserungen das selbständige, über die Sinnenwelt erhabene Gebiet bilden, über das
wir durch die Reflexion Vorstellungen erhalten.

Wenn wir mit diesem seit Leibniz verlorenen Schlüssel
an Locke herantreten, öffnet sich wie von selbst sein lange
verschlossener metaphysischer Gedankenbau, in den uns
schon de Fries einen flüchtigen Einblick gewinnen lässt.
Ihn einheitlich und genau zu schildern, ist die Aufgabe, die
ich in dieser Arbeit zu lösen versuche.

Damit hoffe ich zugleich zur Entscheidung der in
jüngster Zeit lebhaft besprochenen Frage nach der Quelle
der Lockeschen Philosophie beizutragen.

An der bis vor kurzem unbestrittenen Anschauung,
Locke stehe auf den Schultern Bacos und Hobbes' und habe
seinen Essay in bewusstem Gegensatz zur Scholastik
sowohl wie zu Descartes geschrieben, haben nämlich
gleichzeitig und unabhängig von einander im Jahre 1887
Sommer und Geil gerüttelt, indem sie feststellten, dass
Locke in sehr vielen Punkten mit Descartes übereinstimmt. 1892 suchte v. Hertling die Aehnlichkeit mancher

Lehren Lockes mit denen der halbplatonischen cam-
bridger Theologen als deren Häupter Cudworth und
More gelten, nachzuweisen. Unbestreitbar stimmen nun
zwar Baco und Hobbes sowohl wie Descartes und Cudworth in vielem mit Locke überein, und man kann nicht mit
Marion sagen: Locke ist weder ein Schüler von Baco, noch
von Hobbes, noch von Descartes, noch von sonst irgend
einem.[1]) Aber die Thatsache, dass die Lehren der genannten
Denker sich vielfach gleichen, erklärt man vielleicht besser
durch die Annahme eines gemeinsamen Lehrers als mit den
zahlreichen historisch schwer nachweisbaren[2]) Beziehungen
der einzelnen unter einander, zumal es psychologisch nicht
unbedenklich, ist bei spekulativen Köpfen im reifen Alter
noch philosophische Umwälzungen anzunehmen, während sich
Jugendeindrücke selten verlieren.

Sind nicht die Genannten alle bei den Scholastikern in
die Schule gegangen? Hat nicht Locke, als er in Oxford
studierte, vom 21. bis 25. Lebensjahre ununterbrochen
scholastische Vorlesungen über Logik und Ethik gehört?[3])
Musste er sich nicht in den beiden letzten Studienjahren auch
in die mittelalterliche Metaphysik und Naturphilosophie ver-
tiefen und über die darin behandelten Fragen öffentlich
disputieren?[4]) Dabei galt Locke, wie sein Studienfreund
Tyrell erzählt, im Christ-Church-College als einer der most
learned and ingenious young men.[5]) Erst nach dieser Stu-
dienzeit lernte er Descartes kennen. Dabei hatte er aber
schon seine eigene Weltansicht; denn er behauptet, in
vielem Descartes nicht haben zustimmen zu können.[6]) Von
einem Umschwung in seinen Gedanken finden wir in seinem
ganzen Leben, so wie es King und Bourne beschreiben, keine

[1]) Revue philosophique de Ribot. Paris 1878. V. Band, S. 620.
[2]) Curtis 19 ff.
[3]) Bourne I, 43 ff.
[4]) Bourne I, 51.
[5]) Bourne I, 61.
[6]) Bourne I, 18.

Spur. Wohl aber bestreitet er später ausdrücklich jedweden
Einfluss Descartes' auf seine Philosophie. Nur das eine will
er von ihm gelernt haben, dass man auch ohne den schul-
mässigen Bombast philosophieren könne.[1]) 1660 wurde Locke
eine Art Lektor und Repetent an demselben College, wo er
studiert hatte, und in dieser Stellung blieb er vom 28. bis
zum 52. Lebensjahre, ohne dass ihm die Leiter dieser Hoch-
burg scholastischer Orthodoxie wegen seiner philosophischen
Ansichten Schwierigkeiten gemacht hätten. Wie wenig
Raum uns zur Annahme eines tiefgreifenden Einflusses
radikaler Zeitgenossen bleibt, zeigt die Stelle, wo er
Spinoza und Hobbes als zwei mit Recht verschrieene Namen
bezeichnet und mit einer gewissen Befriedigung bemerkt,
dass er in deren Schriften nicht genug bewandert sei, um
feststellen zu können, ob er zufällig in dem einen oder
andern Punkte mit ihnen übereinstimme.[2]) Und an seiner
aufrichtigen Wahrheitsliebe und Ehrlichkeit zu zweifeln,
haben wir, wie auch Hartenstein S. 308 hervorhebt, keinen
Grund. Wenn wir schliesslich bedenken, dass nach dem
Vorworte, das Coste 1729 seiner französischen Uebersetzung
des Essays vorausschickt, dieses Hauptwerk Lockes damals
schon in Cambridge und Oxford anstatt des Ockam und
Buridan den Vorlesungen zu Grunde gelegt wurde, so wird es
uns wahrscheinlich, dass Locke der Oxforder Schulweis-
heit durchaus nicht so fern stand, wie man gewöhnlich annimmt.[3])

Zwar hat sich Locke mitunter sehr energisch gegen
die Scholastik ausgesprochen;[4]) aber wahrscheinlich hat er
damit nur die damals übliche schulmässige Behandlung der
Philosophie treffen wollen. Von der mag er sich allerdings
seit dem Beginne seiner Studien abgestossen gefühlt haben.

---

[1]) Works III, 48 f. 139.
[2]) Works III, 477.
[3]) Sommer 28. K. Fischer 548. Hartenstein 312.
[4]) Bourne I, 48: obscure terms and useless questions.

Aber wie wenig das eine Uebereinstimmung in den Gedanken ausschliesst, hat Freudenthal in seiner Schrift über Spinoza und die Scholastik[1]) sehr richtig hervorgehoben. Er hat uns von dem Wahne befreit, als hätten Descartes, Baco und Spinoza „die Ansichten der Scholastiker weit hinter sich geworfen", als fände sich „bei ihnen keine Spur von Scholastik". „Man spottet," sagt er in Bezug auf sie S. 86, „über die Scholastiker und ihre Lehrweise, verteidigt und begründet aber ihre Gedanken. Man rühmt sich, das All der Wissenschaften von Grund aus umgestaltet zu haben, und steht doch unter dem alten Banne." An Spinoza hat er dies einleuchtend nachgewiesen. Während aber dieser aus mittelalterlichen Bausteinen ein neues System aufgeführt hat, ist Lockes Lehrgebäude auch rein scholastischen Stiles. Bei der Zeichnung seines Gedankenbaues soll dies durch stetigen Hinweis auf die Scholastik deutlich hervortreten.

B, 1, 1. Die am Ausgange des Mittelalters und beim Beginne der neueren Zeit besonders in England herrschende Form der Scholastik ist der Nominalismus. Die Bedeutung dieser von dem Engländer Wilhelm von Ockam gegründeten Schule besteht darin, dass sie die grosse Streitfrage, die das ganze Mittelalter hindurch im Vordergrunde des philosophischen Interesses steht, ob nämlich die universalia ante res, in rebus oder post res beständen, im letzteren Sinne entscheidet. Der Grundsatz der Realisten, sagt der Nominalismus, führt zu unhaltbaren Folgerungen. Denn nach ihrer Lehre hätten z. B. in Bucephalus, dem Pferde Alexanders, noch die übergeordneten Begriffe: Reitpferd, Pferd, Säugetier, Tier und schliesslich die Begriffe Lebewesen und Geschöpf je eine eigene reale Existenz. Alle Universalien nämlich, lehrt der Realismus, existieren als wirkliche Realitäten in den Einzeldingen. Dieser platoni-

---

[1]) Siehe Philos. Aufsätze, Eduard Zeller gewidmet, Leipzig 1887.

sierenden Auffassung hielt Ockam mit seiner Schule die
Lehre entgegen, dass nur den Einzeldingen Realität zu-
komme, dass dagegen die Universalien nur unsere Pro-
dukte, nämlich Abstraktionen sind, die wir durch Ver-
gleichung unserer Vorstellungen von den Einzeldingen
bilden. Nun beschäftigt sich unser Wissen aber fast nur
mit Allgemeinbegriffen; ohne sie ist fast kein brauchbares
Urteil, kein Schluss möglich. Da sie aber nach dem Ge-
sagten nie wirklichen Wesen in der Aussenwelt entsprechen,
so fragen sich die Nominalisten naturgemäss: Welchen
Wert haben unsere Begriffe? Und da die Begriffe aus den
Einzelwahrnehmungen gebildet werden, fragt man sich in
erster Linie: Wie entsteht die einzelne Wahrnehmung? Auf
diese erkenntnistheoretische Frage bleibt der Nominalismus
die Antwort nicht schuldig.

Die Einzeldinge der Aussenwelt, sagt er, wirken auf
unsere äusseren Sinne. Kraft der vis intuitiva[1]) entsteht in
der Seele eine bestimmte Wahrnehmung. Diese ist kein
Abbild des Gegenstandes, überhaupt nichts Reales, sondern
nur ein eigentümlicher Zustand (modus) der Seele.[2]) So
kommt z. B. von der Sonne zu uns nur Bewegung, diese
trifft das Auge und veranlasst in der Seele die intentio,[3]) die
Wahrnehmung, wie wir sagen würden. Da die Wahrnehmung ihrem Wesen nach von dem Dinge selbst gänzlich
verschieden ist, nennt man sie in den Nominalistenschulen
ein Zeichen des Dinges. Bezeichnen wir ein solches Zeichen
noch durch ein Wort, etwa durch den Eigennamen Bucephalus, so ist dies Wort wiederum ein Zeichen, und zwar
ein willkürlich gewähltes Zeichen für das unwillkürlich
durch die Sinne in uns entstandene Zeichen des einen
bestimmten Pferdes Alexanders des Grossen.

---

[1]) Hauréau S. 425 f.
[2]) Ritter, Gesch. der Philos. VIII. 562 ff.
[3]) Hauréau 438.

Nun giebt man aber nicht jeder besonderen Wahrnehmung ein besonderes Wortzeichen, wie bei Eigennamen, sondern in der Regel fasst man aus ähnlichen Wahrnehmungen das Gemeinsame zu einem universale oder Artbegriffe zusammen und wählt erst dafür ein Wortzeichen. So ist das Wort Pferd ein Zeichen für das universale, d. h. den Begriff, den wir vermöge der vis abstractiva[1]) aus zahlreichen Einzelzeichen, die durch Sensation in unserer Seele erzeugt worden sind, gebildet haben.

Ueber die Realität eines Dinges entscheidet also nur die Anschauung,[2]) und ein Begriff hat nur dann Wert, wenn er auf Grund wirklicher Wahrnehmung durch richtige Abstraktion gebildet ist. Nur wenn alle Begriffe richtig aus der äusseren Erfahrung hergeleitet sind, kann man richtige Urteile über die Aussenwelt bilden. Und wenn man ein Urteil ausspricht, kommt es vor allem darauf an, jeden Begriff durch das richtige Wort zu bezeichnen. Denn das Wort Gold z. B. hat mit dem Wesen des Goldes nichts zu thun, es hat keinen selbständigen Wert und Inhalt, sondern ist nur ein willkürlich festgesetztes, mitunter falsch angewandtes Zeichen für ein Konglomerat von psychischen Wahrnehmungen wie gelb, glänzend, dehnbar, schmelzbar, schwer und dergl. Dass diese Eigenschaften alle von einer einheitlichen Substanz ausser uns getragen und veranlasst werden, vermuten wir nur, und über das innere reale Wesen der Goldsubstanz können wir demnach überhaupt nichts wissen und aussagen.

All unser Erkennen dreht sich also um Zeichen, aber um Zeichen, die in wirklichen, wenn auch uns unbekannten Zuständen wirklicher Dinge ihren Grund haben. Vgl. Linsenmann 604 f. Hauréau 454 ff.

Diese Erkenntnistheorie ist die Grundlage der ganzen nominalistischen Literatur; und dass diese Literatur auf den

1) Hauréau 425 f.
2) Hauréau 427.

englischen Hochschulen bis gegen 1700 Alleinherrscherin war, ist unbestritten. „Die Ockamsche Summa totius logices war noch gegen das Ende des 17. Jahrhunderts als Lehrbuch in Oxford in Gebrauch," sagt Ritter S. 719. Darauf weisen auch die Ausgaben der Hauptwerke der Schule hin. Die berühmte Buridansche Ethik erschien noch 1637, seine Politik 1640 in Oxford.[1] Ockams Summa wurde noch 1675, also zu einer Zeit, wo Locke schon 15 Jahre Lektor und Repetent und 43 Jahre alt war, in Oxford neu gedruckt.

Wenn nun Locke in der Erkenntnistheorie genau denselben Grundsätzen huldigt, so ist es doch naturgemässer, in ihm einen Schüler der Nominalisten zu sehen als seine Lehre von Baco, Hobbes und Descartes abzuleiten. Dass aber Locke in der Lehre von der sinnlichen Erfahrung genau mit den Nominalisten übereinstimmt, ist wohl kaum zu bestreiten. Loewes Darstellung des Nominalismus in den Abhandlungen der Kgl. böhm. Akademie der Wissenschaften zu Prag, VI. Folge, 8. Band, S. 83 könnte ebenso gut als eine Rekapitulation des 3. Buches des Lockeschen Essays gelten. Löwe selbst hebt hervor, dass Hobbes genau dieselbe Lehre, nur in schärferer Form vortrage. Und der Hobbessche Nominalismus, sagt er S. 86, „zeugte den milderen sensualistischen Psychologismus Lockes." Auch Rousselot weist mitunter (S. 257. 245) darauf hin, dass Locke ganz und gar der nominalistischen Erkenntnistheorie huldige. Ebenso Hauréau S. 515. Er bemerkt, dass Descartes und Locke in der Frage der Universalien ganz genau der Ansicht Ockams sind. „Locke," sagt er, „reproduziert gegen Malebranche die Lehre Wilhelms von Ockam." Und endlich sagt Stöckl 1040: „der Empirismus der neueren Zeit beruht auf demselben Prinzip wie der Nominalismus." In der That, alles, was Locke von der Sensation und der essentia nominalis im Gegensatz zur essentia realis sagt, passt genau auf die

---

[1] Ritter 734.

nominalistische Lehre. Vgl. essay II, 32, ·7. 24. III, 2, 8;
3, 12 f. 17; 6, 9 f. 12. 36. 44 ff.; 9, 3 f. 12. IV, 3, 30; 5, 2—8.
Ja, Locke bekämpft Works III, S. 433 ff. ausdrücklich den
scholastischen Realismus in ganz scholastischer Weise. Doch
da über diesen Teil der Lockeschen Lehre allgemeine Uebereinstimmung herrscht, kann ich mich auf diese kurzen Hin-
weise beschränken. Vgl. besonders v. Bénoit, S. 24—31.

Hiernach könnte man allerdings Locke sowohl wie die
Nominalisten für Sensualisten reinsten Wassers halten. Doch
dieses Urteil muss an einer genaueren Betrachtung der Seelenlehre, die Locke und den Nominalisten ebenfalls gemeinsam
ist, zerschellen. „Locke wollte," wie schon Bénoit, S. 23,
sagt, „die prinzipielle Verschiedenheit von Körper und Geist
festhalten." Und zwar hielt er sie in einer so schroffen Form
fest, dass er dem Körper alles subjektive Leben nahm. Nicht
nur „die eigentliche Wahrnehmung findet im Geiste statt,"[1])
sondern auch alles Empfinden und Wollen. Ein Mensch
könnte nach Locke[2]) schmerzlos verbrennen, wenn man ver-
hindern könnte, dass die Erschütterungen der Atome in die
Seele gelangten. Gegen die Ansicht, die Seele sei nur eine
Funktion des Gehirns, „eine Zeichnung auf Staub", wie er
sich ausdrückt,[3]) wehrt er sich ganz entschieden.[4] Die Seele
ist ihm vielmehr im Gegensatz zu der passiven Materie eine
aktive selbständige Substanz, die alle geistigen Erscheinungen
im Menschen trägt und erzeugt.[5]) Wie wenig Locke an der
Realität dieser Substanz zweifelt, wie wenig er überhaupt
den Substanzbegriff hat zerzausen wollen, wie dieser vielmehr der Grundpfeiler seines ganzen Denkens ist, hat de
Fries, 12 f. 16 f. so einleuchtend bewiesen, dass ich nur
darauf zu verweisen brauche.

[1]) Bénoit, S. 17.
[2]) II, 9, 8 ff.
[3]) II, 1, 15.
[4]) IV, 10, 16 ff.
[5]) II, 23, 5. 15. 22 ff.

Empfinden, Wollen und Erkennen sind nur verschiedene
Arten, in denen die Seelensubstanz ihr Leben entfaltet, Verstand, Vernunft, Gefühl und Wille nur verschiedene Bezeich-
nungen derselben Seele, insofern sie gerade erkennt, urteilt,
fühlt oder will. Und die Auffassung, dass sie selbständige
von der Substanz losgelöste Triebkräfte, mit andern Worten,
gesonderte Kraftzentren seien, bekämpft Locke mit ausser-
gewöhnlicher Entschiedenheit.[1])

Diese klare Auffassung des Verhältnisses der Seelensubstanz zu den Vorgängen in ihr und ihren Kräften erinnert
wieder lebhaft an die Nominalisten, denen ihn auch Leibniz[2])
gerade dieser Lehre wegen zuzählt. Vermögen, sagen auch
sie, sind „nur Benennungen der Thätigkeiten der einen
Potenz.“[3]) L'âme, sagt Biel, n'a qu'une nature unique laquelle
se diversifie selon les fonctions et qui, indivisible en elle-
même, est le principe de plusieurs actes distincts.[4] „Warum
von Seelenkräften reden,“ sagt Ockam, „wenn die Substanz
der Seele für die Erklärung ihrer Thätigkeiten allein ausreicht?“[5]) Ausführlich bekämpft er die Auffassung, wonach
Tugend und Wissen die realen Träger und Ursachen der
darunter fallenden Handlungen seien, indem er darlegt, dass
nur die Seele selbst Subjekt der Handlungen sein könne,
weil nur sie eine reale Substanz sei. Ganz wie Locke macht
er darauf aufmerksam, dass viele grosse Irrtümer nur daher
stammten, dass man die Seele nicht als einheitliches Agens
auffasse, sondern je nach ihren verschiedenen Aeusserungen
in verschiedene Subjekte zerfallen lasse.[6])

Doch wichtiger als dies ist, dass Lockes ganze Lehre
von der Beschaffenheit der Seele mit der nominalistischen

---

[1]) II, 21, 6. 17. 18.
[2]) Nouveaux essays zu II, 21, 6. 17- 19.
[3]) Werner 305.
[4]) Rousselot 258.
[5]) Stöckl 530
[6]) Hauréau 423 f. Vgl. Stöckl II, 1017.

übereinstimmt. Ganz wie Ockam[1]) und dessen berühmter
Schüler Biel[2]) nimmt nämlich auch Locke an, jede menschliche Seele werde unmittelbar von Gott geschaffen,[3]) d. h. als
Substanz kraft der göttlichen Allmacht aus Nichts ins Dasein
gerufen (vgl. unten S. 30). Nur das überlässt er andern zu
untersuchen, ob sie präexistent ist oder ob Gott sie im
Augenblicke der Zeugung oder ob er sie schliesslich erst
geschaffen hat, als der Embryo schon einigermassen entwickelt war.[4]) Jedenfalls hat das Kind schon vor der Geburt
eine Seele,[5]) und zwar hält er dafür, dass sie irgendwo
im Gehirn ihren Sitz hat.[6]) An dem anthropologischen Dualismus, der die mittelalterliche Philosophie beherrscht, hält
also Locke durchaus fest. Vgl. de Fries 43.

Als eben geschaffene Substanz ist die Seele naturgemäss, wie im Anschluss an Aristoteles das ganze Mittelalter und auch Locke lehrt, einer tabula rasa vergleichbar.
Denn sie ist nur erst Substanz, sie hat noch kein Leben,
sie weiss noch nichts und will noch nichts bestimmtes.[7])
Diesen „von Locke verbaliter nirgends gebrauchten Terminus tabula rasa hat man" nun, wie de Fries 37 ff. ausführt, „oft in einem völlig unquellenmässigen Sinne interpretiert. Locke rezipiert damit nur einen im ganzen
Mittelalter verbreiteten Vergleich, um die angeborenen Vorstellungen abzulehnen. Nur in Bezug auf ursprüngliche
Erkenntnis ist die Seele inanis, aber sie ist nicht iners,
nicht ohne ursprüngliche Kräfte zu regsamer Thätigkeit,
sondern eine selbständige geistige Substanz, der notwendig
und ursprünglich Vermögen und Kräfte inhärieren, die sich
unter den erforderlichen Bedingungen zu reicher Wirksam-

---

[1]) Werner 261.
[2]) Linsenmann 664.
[3]) Vgl. de Fries 41 f.
[4]) II, 1, 10.
[5]) II, 9, 6.
[6]) II, 3, 1.
[7]) Works III, 460. 464.

keit entfalten." Auch Drobisch[1]) und Bénoit S. 45 legen dar,
dass nach Locke Anlagen und Fähigkeiten immer in der Seele
vorhanden gewesen seien. Locke spricht ja auch zu oft
von den Fähigkeiten der Seele, zu abstrahieren, zu kombi-
nieren und nach der gewonnenen Erkenntnis zu handeln
oder von dem angeborenen Streben nach Glück,[2]) als dass
man annehmen könnte, er fasse die Seele nach Art der
wahren Sensualisten auf, die sie ohne inneren Halt jedem
Einflusse preisgeben. Der Vergleich mit einem unbeschrie-
benen Blatte Papier[3]) will also genau das sagen, was auch
die Nominalisten lehren, dass nämlich die neugeschaffene
Seele erst durch die 5 Sinne zum Leben erweckt werde,
ohne darum stets auf das Sinnenleben beschränkt zu sein.
Wie nun aber das menschliche Wissen nach Locke entsteht, will ich erst auf der neugewonnenen Grundlage der
Substanzialität der Seele darzustellen suchen, um dann Lockes
gesamte Erkenntnistheorie mit der des Nominalismus zu ver-
gleichen.

Zunächst verhält sich die Seele passiv. Vorstellungen
und Empfindungen aller Art werden ihr aufgedrängt, ohne
dass sie sich ihrer erwehren könnte.[4]) Schon vor der Geburt
müssen nach Locke allerlei Vorkommnisse die Nerven
erschüttern, an die Seele gelangen und dort dunkle Empfindungen etwa von Hunger, Kälte und Wärme wecken. Bei
der Geburt ist also die Seele schon kein unbeschriebenes
Blatt Papier, keine tabula rasa mehr. Doch die wenigen
verschwommenen Zeichen kommen kaum in Betracht vor
den zahllosen Buchstaben, mit denen das Blatt von jetzt ab
beschrieben wird. Durch Augen, Ohren, Nase, von der
Zunge und von der ganzen Haut her schwirrt es heran. Alle

---

[1]) Ueber Locke in der Zeitschr. für exakte Philos. 2. Band.
Leipzig 1862, S. 9. 10.
[2]) II, 21, 29 ff. 52.
[3]) II, 1, 1.
[4]) II, 1, 25.

Schwingungen sammeln sich im Gehirn, dem Empfangs-
zimmer Ihrer Majestät der Seele,[1]) wo diese mit ihnen
eine eigentümliche Verwandlung vornimmt. Eine Er-
schütterung, die von den Augen vorgeführt wird, verwandelt
sich unter den Händen der mächtigen Königin in eine bestimmte Farbenerscheinung; eine Bewegung, die vom Ohre
kommt und im Gehirn immer eine Bewegung geblieben
wäre, wird in der Seele ein Ton.[2]) Jedes Sinnesorgan veranlasst zwar eine andere Empfindung, aber die Seele allein
bewirkt die verschiedenartigen geheimnisvollen Verwand-
lungen.[3]) Denn es kann, wie de Fries S. 26 mit Recht sagt,
„keinem Zweifel unterliegen, dass Locke auch die Sensationsvorstellungen als Wesensäusserungen der Seele (nicht des
Gehirns) auffasst, ... nur kann die Seele sie nicht allein,
ohne äussere Veranlassung erzeugen. Vgl. Bénoit 13. 17. 45.

Auf dieser Stufe der passiven Sensation bleibt aber die
Seele nicht stehen. Sie strebt nach eigener Thätigkeit, sie
will die in ihr schlummernden Fähigkeiten und Kräfte be-
thätigen. Wenn sie ein unangenehmes Bitter empfindet, so
stösst sie unwillkürlich den Gegenstand, den sie für die Ursache hält, von sich weg; wenn ihr etwas gefällt, so setzt
sie Muskeln in Thätigkeit, um dem Gegenstande möglichst
nahe zu kommen. Allmählich beginnt sie dann auch zu
denken. Aus sich heraus[4]) bildet sie Urteile, sie bearbeitet
das Vorstellungsmaterial, das ihr die Sinne zugeführt haben.
Sie erkennt, dass ein Ton keine Farbe oder dass rot nicht
grün ist,[5]) sie vergleicht das Einzelne und bildet aus den
gemeinsamen Merkmalen allgemeine Begriffe.[6]) Sie zweifelt
an diesem oder jenem, was sie bisher fest geglaubt hat, und
ein Trieb zum Handeln lässt ihr keine Ruhe. Dies alles

[1]) II, 3, 1.
[2]) II, 8, 10. 13 ff.; IV, 2, 11.
[3]) II, 21. 41.
[4]) II, 1, 24.
[5]) IV, 7, 2.
[6]) II, 32, 7; III, 6, 36.

geht anfangs in der Seele vor, ohne dass sie sich dessen bewusst ist, oder das Bewusstsein ist wenigstens so schwach, dass sie handelt, ohne recht zu wissen, was sie thut.[1]) Allmählich wendet sich aber die Seele von den Bildern der Aussenwelt weg in sich selbst zurück, um ihr eigenes Thun zu betrachten; sie macht sich selbst zu ihrem Beobachtungsfelde. Damit eröffnet sich ihr ein ganz neues Wissensgebiet; sie steht an der zweiten Quelle von Erkenntnissen. An sich selbst gewinnt sie nunmehr Vorstellungen von Glauben, Zweifeln, Erkennen, Wollen, Freude, Trauer, Mut, Verzweiflung, Emsigkeit und dergl.[2]) Aus diesen neuen Grundbegriffen im Verein mit den Sensationsvorstellungen baut sie sich dann ihre ganze geistige Welt auf, indem sie auch diese zweite Art von „einfachen Vorstellungen" ebenso wie die sinnlichen vergleicht, unter Begriffe ordnet, mit Namen belegt und zu Urteilen verwendet. Und da das Abstrahieren, Ordnen und Urteilen selbst wieder Thätigkeiten der Seele sind, so sind auch sie Gegenstände der inneren Erfahrung. Diese Selbstbetrachtung nun ist das, was Locke Reflexion nennt. Es ist die Thätigkeit, die die Seele ausübt, wenn sie in dem forscht, was in ihr selbst vorgeht.[3]) Und da es sich hier um Erscheinungen einer ganz besonderen Substanz handelt, Erscheinungen, von denen uns die Sinne nie Kunde bringen könnten, so ist die Reflexion eine ganz neue, selbständige, zweite Quelle, aus der wir ganz neue Vorstellungen schöpfen können, Vorstellungen, aus denen wir eine ganz eigene, die geistige Welt in uns aufbauen.[4])

So deutet noch Leibniz[5]) die Lehre Lockes von der Reflexion. Nachdem dann Kant Lockes Reflexion als eine

[1]) II, 6, 1.
[2]) II, 1, 4.
[3]) IV, 3, 24. 27.
[4]) Vgl. de Fries S. 20.
[5]) Nouveaux essays zu II, 1, 2.

Fähigkeit gedeutet hatte, vermittelst deren die Resultate der
Sensation, die er als die einzige wirkliche Quelle von Erkenntnissen auffasst [1]), geordnet werden, erkennt zuert Bénoit
13. 45 sie wieder als die Quelle einer von den Sinnen ganz
unabhängigen Gedankenwelt an. 1870 giebt dann auch
Hartenstein S. 320 zu, dass eine Klasse der „Elemente des
Vorstellungskreises" von der Reflexion allein geboten
wird. Auch nach Windelbands Gesch. der neueren Philosophie (Leipzig 1878) erkennt Locke die Heterogeneität der
physischen und psychischen Erfahrung vollkommen an.
Aber erst de Fries hat 1879 zu einem vollen Verständnisse
der Reflexion den Grund gelegt, indem er nachweist, dass
Lockes Seele eine vom Körper gänzlich verschiedene wirkliche Substanz ist.

Die auffallende Thatsache, dass so Viele von dieser
reichhaltigen Psychologie Lockes nichts gemerkt haben, erklärt sich daraus, dass Locke diese ganze Lehre als selbstverständlich voraussetzt oder höchstens andeutet; denn sie
war eben, wie sich Freudenthal in Bezug auf Lockes Alters-
genossen Spinoza ausdrückt, ein Teil jener „scholastischen
Gedankenkreise, in denen sich die Mehrheit seiner philosophisch gebildeten Zeitgenossen bewegte."[2]) Wie die
Nominalisten dieselbe Vorstellung vom Ursprunge der Seele
und von dem Verhältnisse der Kräfte, Vorstellungen und
Thätigkeiten, kurz der Accidentien zu der sie alle tragen-
den und erzeugenden Substanz haben, so stimmt eben auch
in der Erkenntnistheorie Locke genau mit ihnen überein.

Ockam, sagt Stöckl II, 988, hält an dem Fundamental-
satze der scholastischen Erkenntnistheorie, an der Unterscheidung zwischen sinnlichem und intellektuellem Erkennen
fest. Intellectus noster, sagt Ockam wörtlich, non tantum
cognoscit sensibilia, sed etiam .... intuitive cognoscit aliqua

---

[1]) Sämtl. W. Ausg. v. Hartenstein. Leipzig 1867. III, 321.
[2]) Freudenthal, Spinoza u. die Scholastik, philos. Aufsätze, Ed.
Zeller gewidmet. Leipzig 1887. S. 186.

intelligibilia, quae nullo modo cadunt sub sensu. Als solche
Erkenntnisobjekte führt er an die actus voluntatis, delecta-
tio, tristitia et hujusmodi.[1]) Ihrer werden wir bewusst durch
die cognitio intellectiva im Gegensatz zu der cognitio
sensitiva, die uns über die sinnlichen Dinge belehrt. Ebenso
schildert Hauréau S. 428 die Lehre Ockams. Eine besondere
Art von Vorstellungen, sagt er, gewinnen wir aus der con-
sidération psycologique du moi, nämlich Vorstellungen des
actes de mon intelligence, des actes de ma volonté . . . .;
diese sind die phénomènes, qui ont le moi pour sujet. Auch
aus ihnen kann man abstrakte Begriffe wie Wille, Glück u. s. f.
bilden. Biel[2]) sagt ausdrücklich: „Alles Erkennen hat seinen
Ursprung in der sinnlichen oder geistigen Wahrnehmung.
Die sinnliche Erfahrung belehrt uns über die Aussenwelt,
die geistige über die inneren Vorgänge im Seelenleben."

Nicht einmal das kann man zugeben, dass Locke ener-
gischer als seine scholastischen Vorgänger die Sensation
gegenüber der Reflexion betont hat. Denn wer nützliche
Erkenntnisse erwerben will, muss, wie Locke nachdrücklich
einschärft,[3]) gerade auf die Reflexion seine Kraft verlegen,
um möglichst deutliche abstrakte und moralische Begriffe
bilden zu können. Denn der von aussen kommenden Sinnes-
vorstellungen haben wir in der Regel, auch ohne dass wir
uns besonders um sie kümmern, in Ueberfluss, und durch
Augen, Ohren und Nase lässt sich der wichtigste aller
Unterschiede, der zwischen gut und böse, nicht gewinnen.[4])

In manchen Punkten ist sogar Ockam radikaler als
sein Schüler Locke. Ockam erklärt, das Dasein Gottes
philosophisch nicht beweisen zu können,[5]) Locke dagegen
stimmt mit dem milderen Schüler Ockams, Gabriel Biel,[6])

---

[1]) Werner 278. Anm. 1.
[2]) Linsenmann 601 ff
[3]) Cond. of underst. § 9.
[4]) Works III, 188.
[5]) Rousselot 246. Stöckl II, 1012.
[6]) Linsenmann 615.

überein, indem er das Dasein Gottes für demonstrierbar
erklärt. Ueber den Beweis, den er IV, 10, 1 ff. bringt, vgl.
Bénoit 39 f., K. Fischer 612 ff., besonders de Fries 48 ff. Er
hält sogar die demonstrative Gewissheit eines von Ewigkeit her existierenden allmächtigen, allwissenden und all-
weisen Gottes nach der Gewissheit unserer eigenen Existenz
für die sicherste. Im übrigen aber deckt sich Lockes Lehre
von den Graden und Grenzen des menschlichen Erkennens
ganz mit der der Ockamschen Schule.

2. „Die sicherste aller Erkenntnisse ist nach Ockam
die, dass ich bin."[1] Denn wir erfahren intuitiv unsere inneren
Zustände und Thätigkeiten, unser Denken und Wollen.[2]
Ebenso sagt Locke:[3] dass ich bin, leuchtet intuitiv d. h.
ohne Beweis ein; denn ich denke, ich zweifle, also bin ich
etwas, quelque chose, wie Coste übersetzt, d. h. eine Substanz. Wir brauchen also nicht mit Sommer und Geil anzunehmen, Locke habe diesen Grundsatz erst von Descartes lernen müssen, sondern werden auch hier am besten
die Gemeinsamkeit der Ideen aus der beiden gemeinsamen
Lehrerin, der Scholastik, erklären. Sagt doch selbst Geil 51:
„Descartes hat den einen oder andern Lehrartikel aus der
Scholastik mit herübergenommen."

Weniger gewiss als unser Dasein ist nach Locke die
Existenz der Aussenwelt. Aus den Vorstellungen, die wir
von Dingen ausser uns haben, ergiebt sich darüber, ob ihnen
die Wirklichkeit entspricht, gar nichts.[4] Aber Locke bemüht sich darzulegen, dass für einen natürlichen Menschen
kein Zweifel darüber herrschen könne, ob er träume oder
ob ihm eine Vorstellung von aussen wirklich aufgedrängt
werde.[5] Den von aussen kommenden Eindrücken müssen aber

---

[1] Ritter 720.
[2] Stöckl II, 1015.
[3] IV, 9, 3; 10, 2.
[4] IV, 11, 1.
[5] IV, 11, 3 ff.

auch Dinge ausser uns entsprechen. Durch eigene sinnliche Empfindung also kommen wir zum Wissen von der Aussenwelt.[1]) Von dieser haben wir aber nur Zeichen, nämlich die Vorstellungen in unserer Seele. In das Wesen der Dinge können wir nie eindringen. Die innere Struktur der Körper, die wahre Ursache all der mannigfaltigen Erscheinungen, ist nach Locke in ein für uns Menschen undurchdringliches Dunkel gehüllt. Nur das Eine können wir vermuten, dass verschiedene Erscheinungen in einer Verschiedenheit ihres Wesens ihren Grund haben. III, 32, 24; 6, 9; 9, 12. Vgl. de Fries 68 f.

Das alles ist nichts als die Durchführung des nominalistischen Grundsatzes, dass es keine Wissenschaft von den Dingen selbst, sondern nur eine Wissenschaft von den Zeichen der Dinge in unserer Seele giebt. Stöckl II, 997. 1005. Selbst die Lehre von den primären und sekundären Eigenschaften hat offenbar schon Ockam. Denn von der Sonne kommt nach seiner Ansicht an unser Auge nur Bewegung.[2]) Die Bewegung ist aber nicht denkbar ohne Raum und Zeit; die räumlich-zeitlichen Verhältnisse müssen also in den Dingen selbst begründet sein. Alles andere jedoch ist subjektive Zuthat. Eucken (Geschichte der philosophischen Terminologie, S. 94. 196) weist denn auch in der That nach, dass Lockes berühmte Unterscheidung zwischen sekundären und primären Eigenschaften aus der Scholastik stammt. Also auch diese Lehre braucht Locke nicht, wie Geil 89 meint, erst in Descartes' Schriften kennen gelernt zu haben.

Ganz nominalistisch ist dann der Gedanke Lockes, dass die Schranken, die sich unserm Erkenntnisdrange entgegenstellen, uns auf die Moral als unser wahres Interessengebiet hinweisen. IV, 12, 10 ff. Gerade bei den im Gegensatze zu den gelehrten Dominikanern auf die praktische Wirksamkeit

---

[1]) IV, 9, 2.
[2]) Hauréau 438.

unter dem Volke hingewiesenen Franziskanern fand ja der
Nominalismus seine Hauptanhänger. Und wie bei Ockam die
Herabwürdigung der natürlichen Wissenschaft nur dazu führt,
von der Offenbarung um so mehr zu verlangen (Ritter 729),
so sieht auch Locke in der Offenbarung und dem Glauben
das notwendige Complement unseres natürlichen Wissens.
Bénoit S. 8. De Fries hat dieses Element wohl zu gering
angeschlagen, wenn er sagt (S. 66): Locke räumt freilich
auch der Offenbarung eine Stimme ein; da er aber anderer-
seits die menschliche Vernunft wieder zum Kriterium der
Offenbarung erhebt, so wird jene Erkenntnisquelle ziemlich
auf Null reduziert." Zwar führt Locke Kriterien an, nach
denen die Vernunft prüfen soll, ob wirklich eine Offenbarung
Gottes vorliegt.[1]) Aber zur Beglaubigung dienen nach Locke
vor allem Wunder. Diese Theorie spielt bei Locke eine
grosse Rolle. Er führt sie in einer besonderen Abhandlung[2])
bis ins Einzelne durch. Da nämlich, wie wir unten noch
näher sehen werden, die bösen Geister Fähigkeiten haben,
die all unsere Begriffe übersteigen, wirft er die Frage auf,
wie man es anzufangen habe, um sich nicht durch die von
ihnen gewirkten Wunder verwirren zu lassen. Die echt
mittelalterliche Naivetät, die er dabei an den Tag legt, ist
so bezeichnend, dass wir uns seine Antwort nicht entgehen
lassen wollen. Gott ist, meint er, wenn der Satan seine Ab-
sichten durch wunderbare Thaten zu durchkreuzen sucht,
verpflichtet, ihn im Interesse der Menschen durch noch
grössere Wunder zu überbieten; und zwar kann das zu einem
langdauernden Wettkampfe führen, wie zur Zeit des Auszugs
der Juden aus Aegypten, wo sich zwischen Gott und dem
Reich der bösen Geister, durch Vermittlung des Moses und
der Zauberer des Pharao, ein vollständiges Wundertournier
in mehreren Gängen abspielt. Je ungewöhnlicher ein Wunder

[1]) IV, 18, 1 ff.
[2]) Disc. of miracles, works VIII.

ist, desto glaubwürdiger wird eben der, der es in Gottes
Namen wirkt.[1]) Da nun bisher noch keiner grössere Wunder
gewirkt hat als Jesus, zwingt uns die Vernunft, ihn für den
Träger der vollkommensten Offenbarung und somit für die
reinste Wahrheitsquelle zu halten.[2]) Denn wenn die Vernunft einmal anerkannt hat, dass etwas von Gott stammt,
so unterwirft sie sich, da Gott ja nur die Wahrheit sagen
kann;[3]) und zwar beugt sie sich um so freudiger, als dadurch
ihre Einsicht erweitert wird, ohne dass einerseits der Kreis
dessen, was sie aus eigener Kraft erkennen kann, verengt
und anderseits etwas Widervernünftiges von ihr verlangt
wird. Denn nur sogenannte übervernünftige Wahrheiten
können Gegenstand göttlicher Offenbarung sein.[4]) Auf diese
Weise, also durch den Glauben allein, erfahren wir von den
reinen Geistern,[5]) von der Unsterblichkeit der Seele und der
Auferstehung der Toten. Der Glaube ist demnach ein von
den übrigen Erkenntniswegen gesonderter Weg, der in ein
besonderes Wissensgebiet führt; denn die Offenbarungswahr-
heiten bleiben bestehen, selbst wenn man sie auf natürlichem
Wege nicht beweisen kann.[6])

Ist das nicht wieder fast genau die Lehre Biels?
Der Glaube, sagt dieser,[7]) ist ein vernünftiges und freiwilliges
Fürwahrhalten. Ein Zeugnis für die Lehren sowohl wie für
deren Ueberbringer (praedicationi et praedicatori) sind die
Wunder. Darum nehmen wir Glaubenssätze, wie die Unsterblichkeit der Seele, nur an, weil es „keine Vernunft-
gesetze giebt, wodurch wir genötigt wären, die Möglichkeit
sowie die Thatsachen der Offenbarung abzuschwächen." Die
Offenbarungsquellen stützen sich auf die Autorität der Kirche

[1]) Vgl. neben disc. of mir. IV, 16, 3.
[2]) Disc. of mir. (Schluss).
[3]) IV, 16, 14.
[4]) IV, 17, 23; 18, 7.
[5]) IV, 11. 12.
[6]) Works III, 476.
[7]) Linsenmann 628.

und ihr Inhalt auf die Wahrhaftigkeit des sich offenbarenden
Gottes.[1])

Selbst die in den Schulen des Mittelalters übliche
protestatio theologica, d. h. die Erklärung, dass man nichts
lehren und behaupten wolle, was der heiligen katholischen
Kirche entgegen sei,[2]) finden wir noch bei Locke, allerdings in der protestantischen Form, wo an die Stelle der
Kirche die Bibel getreten ist. Die Schrift, sagt nämlich
Locke Works III, 95 f., wird stets der feste Führer meiner
Erkenntnis sein; und falls man mir nachweist, dass meine
Auffassung gegen irgend eine biblische Lehre verstösst, so
fühle ich mich verpflichtet, sofort zu widerrufen; denn ich
erkenne an, dass in der Schrift viele Geheimnisse enthalten
sind, zu denen mein Erkennen nicht ausreicht. Ja, Locke
bekennt sich rückhaltlos zu dem credo, ut intelligam des
Mittelalters. Die Theologie, sagt er,[3]) ist die notwendigste
und erhabenste aller Wissenschaften. Denn sie umfasst
alles, was wir über Gott und die Geschöpfe, über unsere
Stellung zu Gott und den Mitgeschöpfen, über unsern gegen-
wärtigen und zukünftigen Zustand zu wissen brauchen. Die
Grundlinien alles Denkens sind gezogen. Denen, die Lust
und Musse dazu haben, ist es vorbehalten, in einzelne Teile
dieses gegebenen Ganzen tiefer einzudringen. Und so ist es
ihm denn völliger Ernst, wenn er Works III, 303 sagt: Der
Glaube an die christlichen Glaubensartikel hat mit den
philosophischen Untersuchungen gar nichts zu thun. Denn
ich glaubte sie vorher und glaube sie noch, nicht weil ich
sie beweisen kann, sondern weil Gott sie geoffenbart hat.

II. Dass der Nominalismus einen massgebenden Einfluss auf Lockes Erkenntnistheorie geübt hat, glaube ich zur
Genüge gezeigt zu haben. Bei der Betrachtung der Lockeschen Methaphysik wird uns die Uebereinstimmung zwischen

[1]) Linsenmann 626 f.
[2]) Linsenmann 675.
[3]) Cond. of underst. § 23.

Locke und der Scholastik noch viel mehr in die Augen springen.

1. Das Schema, in das wir uns Lockes Weltbild einzeichnen wollen, ist seine Auffassung vom Raume. Sie stellt sich ein, wenn wir einmal mit Locke II, 4, 1 ff. willkürlich annehmen, ein still in der Luft hängender Diamant werde plötzlich aus seiner Stelle bewegt, ohne dass irgend ein Atom irgend einer Substanz, und sei sie auch feiner als Luft und Aether, an die freie Stelle träte. Denken wir uns dieses völlig leere Loch zu einer ebenso leeren Kugel mit dem Radius unendlich ausgedehnt, so haben wir das, was Locke den leeren Raum nennt, eine Kugel, deren Mittelpunkt überall und deren Umfang nirgends ist.[1] In diesem Raume befinden sich die wirklichen Dinge. Jedes Ding nimmt einen Teil desselben für sich in Anspruch, es füllt ihn aus, und solange es ihn ausfüllt, kann kein anderes Ding diesen Platz einnehmen. Aber die Körper schweben nicht planlos im Raume umher, sondern bilden eine harmonisch in einandergefügte Körpermasse,[2] die obgleich Weltall genannt, trotz ihrer Grösse — denn sie umfasst ja noch die ganze Sternenwelt — doch nur einen unendlich kleinen Teil des Raumes ausfüllt. Denn um sie her liegt das nach allen Richtungen hin endlose All des völlig leeren Raumes. Vgl. Webb, the intellectualisme of Locke, Dublin 1857. S. 131 f. De Fries 47. 53 f.

Auch dies ist schon wieder eine Lehre der Nominalisten. Das Leere ist ein von keinem Körper erfüllter Raum, sagt Buridan,[3] und Ockam verteidigt[4] die Existenz eines leeren Raumes als eine Konsequenz des Nominalismus und als Bedingung für die Vielheit der Einzelwesen. In diesem Sinne hält er den Realisten den Satz entgegen: „Kein Ding kann

---

[1] II, 17, 4.
[2] II, 14, 26 f.
[3] Ritter, Gesch. der Philosophie, Band 8.
[4] Rousselot 273.

zu gleicher Zeit in verschiedenen Dingen sein."[1]) Nur bei
einem macht er eine Ausnahme, bei Gott.

2. Gott ist vermöge seiner Allmacht und Allgegenwart
nach Ockam „in allen Dingen zugleich".[2]) Das übernatür-
liche Sein Gottes ist überall und nirgends, wie Ritter sich
ausdrückt.[3]) Auch diese Lehre von der omnipraesentia Dei
secundum essentiam, wie sie in der Scholastik genannt wird,
hat Locke zu der seinigen gemacht.[4]) Auch nach ihm giebt
es keinen Teil des unendlichen Raumes, wo Gott seinem
Wesen nach nicht vorhanden wäre. Er erfüllt den gesamten
Raum, ohne ihn zu füllen. Das Dasein der Dinge im Raum
hängt an ihm; jedes existiert nur in dem Augenblicke, wo
Gott es will, und nur solange, als Gott ihm Existenz verleiht.[5])

Aber dennoch ist Gott, wie es in der Scholastik und
auch bei Locke nicht anders sein kann, ein persönliches
Wesen. Er weiss stets unmittelbar alles, was geschehen ist,
was geschieht und was geschehen wird, und lenkt alles, oft
durch persönliches Eingreifen in den natürlichen Lauf der
Dinge, d. h. durch Wunder nach seiner schrankenlosen Will-
kür. Denn in seiner Allmacht kann er alles, was nicht sich
selbst widerspricht.[6])

Auch das stammt wieder wörtlich aus dem Nominalismus. Nihil non includens contradictionem negandum est a
potentia divina, so drückt Biel[7]) diesen berühmten nominalistischen Gedanken aus, der bei Ockam zu den abenteuer-
lichsten Behauptungen über die Allmacht Gottes führte.[8])

---

[1]) Ritter 728.
[2]) Ritter 729.
[3]) Ritter 729.
[4]) Vgl. de Fries 55.
[5]) II, 15, 1—3, 12.
[6]) II, 2, 8; 13, 21. Works III, 492.
[7]) Linsenmann 639.
[8]) Vgl. Rettberg, Ockam und Luther in Theol. Stud. und Kritiken
1839. I, S. 80.

Was die Dreifaltigkeit Gottes angeht, so galt sie bei
den Nominalisten als das Kräutlein Rührmichnichtan unter
den Glaubenssätzen. Genau so wie Wilhelm von Ockam,
der Begründer der Schule, verzichtet nun auch Locke von
vornherein auf jeden Versuch, diesem Geheimnisse näher zu
treten; und als ihn der Bischof von Worcester deshalb
herausfordert, weicht er ihm mit der Beteuerung seines aufrichtigen Glaubens aus. Works III, 95 ff.

3. In dem unendlichen von Gott erfüllten Raume be-
findet sich die sog. Welt. Sie ist nicht ewig,[1] auch ist sie
nicht, wie Monisten und Pantheisten lehren, aus Gottes
Wesen hervorgegangen, sondern in einem bestimmten Mo-
mente der Ewigkeit, die wie ein Strom ohne Anfang und
Ende dahinfliesst, hat Gott die Körpermasse durch seinen
allmächtigen Willen aus Nichts geschaffen, und in diesem
Augenblicke beginnt die Zeit,[2] vorher ist nichts als Ewigkeit. Schaffen bedeutet bei Locke genau dasselbe, was
creare bei Ockam im Gegensatz zu dem auch bei Locke
öfters vorkommenden nihilare bezeichnet.[3] Bei der
Schöpfung entsteht auf Gottes Geheiss an einer bestimmten
Stelle im Raume eine Substanz, die vorher überhaupt nicht vorhanden war; beim Annihilieren schrumpft sie wieder zu dem
Nichts zusammen, aus dem sie aufgetaucht ist.[4] Selbst darin
stimmt Locke mit der Scholastik überein, dass er annimmt,
die Geisterwelt sei schon geschaffen gewesen, als von der
materiellen Welt noch nichts vorhanden war.[5] Ueberhaupt
entspricht die Anordnung der Welt genau den Vorstellungen
des Mittelalters. Sie ist einem Terrassengelände vergleichbar, auf dessen höchstem Punkte der Schöpfer thront und
in dessen tiefster Tiefe das Mineralreich liegt. Gleich unter

---

[1] II, 14, 20.
[2] II, 15, 4—6.
[3] Siehe Rettberg, Stud. u. Kritiken 1839, 1, S. 82.
[4] II, 22, 11; 26, 2. IV, 10, 18.
[5] II, 15, 7.

Gott lagern auf einer breiten Stufe des Geländes, nach Rang-
klassen abgeteilt, die göttlichen Heerscharen, die reinen
Geister des Himmels. An ihre unterste Reihe schliesst sich
das Menschengeschlecht, und zwischen ihm und dem Mineralreich der Tiefe erblicken wir auf zwei breiten und weiten
Stufen die Tier- und Pflanzenwelt.[1]) Gehen wir näher
heran und betrachten wir uns dieses Weltbild etwas ein-
gehender!

a) Mit den Behauptungen über das Reich der reinen
Geister ist Locke durchaus nicht so vorsichtig, wie man es
von dem „Begründer des modernen Sensualismus" anzunehmen geneigt ist. Die höheren Geister sind Substanzen,
ebenso real wie die Körper. Wir legen ihnen die Eigenschaften unserer eigenen Seele, nur in höherem Masse bei.
Sie sind persönliche dem Range nach sehr verschiedene
Wesen mit ungewöhnlicher geistiger Begabung. Sie haben
ihre eigene Geistersprache, und das Wesen der Dinge, von
dem wir nur durch Zeichen wissen, das wir nur vermuten
aber nie kennen, schauen sie wahrscheinlich intuitiv.[2]) Da
die menschlichen Organe nicht ausreichen, die Anordnung
der Atome in den Körpern zu erkennen, ist Locke geneigt,
diese Fähigkeit den Engeln zuzuschreiben. Sie können sich,
sagt er, vielleicht eigens zu diesem Zwecke körperliche
Organe formen, mit denen sie unendlich viel deutlicher die
Welt erkennen als wir, die wir allein auf unsere Sinne und
die dürftigen Instrumente angewiesen sind, die man zu deren
Vervollkommnung erfunden hat. Die niederen Engel haben,
meint er, vielleicht eine fakultative Verbindung mit der
Materie, sodass sie nach Belieben Leiber annehmen und uns
erscheinen können.[3]) Jedenfalls können alle diese Geister,
die guten wie die bösen, auch ohne Leiber anzunehmen, dem
Menschen auf geheimnisvolle Weise Gedanken einflüstern.

[1]) II, 6, 11. IV, 3, 17. 23. 27; 16, 12. Vgl. de Fries 53 f.
[2]) III, 6, 3. 9. IV, 17, 14. 17.
[3]) II, 23, 13.

und Locke bemüht sich sogar, Mittel und Wege anzugeben,
wie man sich vor den Eingebungen der bösen Geister sicher
stellen könne.[1]) Das alles finden wir in Lockes Abhandlung
über den menschlichen Verstand. Seine Erklärungen zu den
Briefen des Apostels Paulus würden wahrscheinlich eine
noch viel reichere Ausbeute liefern. Doch das Gesagte ge-
nügt. Ich brauche kaum noch auf Biels Lehre von den
Engeln[2]) hinzuweisen. Denn mehr als diese Lehren Lockes
hat man nicht einmal gebraucht, um die ganze Theorie von
Besessenen und Hexen, vom geschlechtlichen Verkehr der
bösen Geister mit den Menschen (succubi und incubi) und
all seinen grässlichen Folgen wissenschaftlich zu begründen.
Was anders als ein regelrechter Krieg zwischen Gott und
dem Satan ist es denn auch, wenn, wie Locke ausdrücklich
annimmt,[3]) die Zauberer des ägyptischen Pharao Werkzeuge
satanischer Wesen sind und kraft der all unsere Begriffe
übersteigenden Fähigkeiten der bösen Geister den Wundern
des Moses jedesmal ähnliche entgegenstellen, sodass Gott
schliesslich nur dadurch siegen kann, dass er seinem Ge-
sandten Kraft zu ganz unerhörten Wundern verleiht, denen
die Zauberer trotz der Hülfe aus der Hölle nichts Eben-
bürtiges mehr zur Seite stellen können?

b) Schon halb modern ist Locke dagegen in der Lehre
von der materiellen Natur. Er steht auf einem Standpunkte,
der zwischen dem mittelalterlichen und dem unsrigen in der
Mitte liegt. Die grossen Kopernikanischen und Newton-
schen Entdeckungen erkennt er an. Die Sonne hat auch
nach ihm die damals bekannten sechs Planeten (Merkur,
Venus, Erde, Mars, Jupiter mit vier und Saturn mit
fünf Trabanten) und ausserdem verschiedene Kometen.[4])
Zwanzig Milliarden Erdradien von unserer Sonne entfernt

---

[1]) IV, 19, 10. 13.
[2]) Linsenmann 613.
[3]) Discourse of miracles. works VIII.
[4]) Elem. of natural philos. works II, 413 ff.

befinden sich die Fixsterne; sie bilden eine hohle kugel-
förmige Schicht von Sonnensystem, deren Mittelpunkt unsere
Sonne ist, während wir uns heute vorstellen, dass auch unser
Sonnensystem mit anderen um eine unbekannte Zentralsonne
kreist. Die Grundanschauung der geozentrischen Auffassung
des Mittelalters hat Locke also noch, nur ist das Zentrum
um einige Millionen Meilen, nämlich von der Erde in die
Sonne verlegt. Gleichwohl ist er schon weitherzig genug, sich
nicht nur auf der Erde Menschen zu denken. Entspricht es
nicht besser, sagt er, der göttlichen Weisheit und Liebe, anzunehmen, auch auf den Planeten anderer Sonnen habe Gott
menschenähnliche Wesen geschaffen, um sie glücklich zu
machen? Denn die Seligkeit der Geschöpfe ist bei ihm wie
bei allen mittelalterlichen Denkern[1]) der alleinige Zweck,
um dessentwillen Gott die Welt geschaffen hat.

Nun ist aber kein Himmelskörper ohne weiteres be-
wohnbar. Pflanzen und Tiere müssen erst die grosse Kluft
zwischen dem Menschen und der leblosen Natur ausfüllen.
Unwillkürlich stehen wir vor der Frage: Wie löst Locke
das Darwinsche Problem? Glaubt auch er, dass sich die
Natur aus eigener Kraft bis zum Menschen aufgeschwungen
habe? Nein. Denn wie kann, sagt er,[2]) das Unvollkommene
das Vollkommenere hervorbringen? Die Wirkung kann nicht
grösser sein als die Ursache. Das Wesen der Mannigfaltig-
keit in der organischen Natur besteht darin, dass die Atome
der an sich toten Materie verschiedenartig gruppiert sind.
Aus diesem blinden Mechanismus kann doch nicht durch
zufällige Aenderungen in der Lagerung der kleinsten Teile
Empfindung, Erkenntnis und bewusster Wille geboren
werden![3])

Wie sich Locke nun die Naturentwicklung vorstellt, er-

---

[1]) Vgl. Bischof Reinkens in der Revue internationale de Théologie
1893, S. 3. 19.
[2]) IV, 10, 10 ff.
[3]) IV, 10, 5. 16.

fahren wir works Band III S. 464 Geschaffen wird nur die materielle Substanz. Dieser trägen Masse, die aus sich selbst nie zum Leben erwachen würde, verleiht Gott zunächst die Eigenschaft, sich zu bewegen. Infolge dieses göttlichen Einflusses entsteht die Sternenwelt und alles organische Leben. Einzelnen Teilen des Stoffes erteilt dann Gott noch dazu die Fähigkeit, pflanzliches Leben zu erzeugen, und wieder andere begabt er mit der Eigenschaft, empfinden und sich selbst bewegen zu können: es sind die Tiere, denen Locke in bewusstem Gegensatze zu Deskartes trotz ihrer rein atomischen Natur subjektives Leben, selbst Gedächtnis zuschreibt II, 9, 11—14; 10, 10. Elem. of natural philosophy, c. 11.

c) Beim Menschen kommt zu allem Leben der Natur noch das Seelenleben hinzu. Dieses ist aber nicht eine vollkommenere Form der Gehirnthätigkeit sondern hat, wie wir oben gesehen haben, eine ganz besondere Substanz, die Seele, zum Träger und zur bewirkenden Ursache. Wie sich der Mensch nach Ockam[1]) vom Tiere durch die vernünftige Seele unterscheidet, so ist auch nach Locke der Mensch dadurch, dass er eine unsterbliche Seele hat, dem Tierreiche enthoben. Der Leib ist zum willenlosen Diener der Seele erniedrigt. Und wie wenig Locke daran denkt, diesen Grundsatz zu untergraben, wenn er die vielfach missverstandene Frage aufwirft, ob die Seele nicht etwa auch materiell sein könne, hat de Fries 39—43 scharfsinnig und überzeugend dargethan. Dass die Seele, selbst wenn sie einen Raum einnähme — denn das heisst materiell im Gegensatz zu immateriell[2]) —, dennoch stets ein von Gott zu dem betreffenden Körper eigens geschaffenes Wesen bliebe, das vom Gehirn aus den Körper vermittelst der Nerven nach seinem Belieben lenkt, ist für Locke nicht weniger selbst-

[1]) Stöckl II, 1015.
[2]) II, 27, 2. 3.

verständlich, als dass sie auch als räumliches Wesen frei,
verantwortlich und unsterblich bliebe.[1])

Darum nimmt auch nach Locke der Mensch innerhalb
der Welt dieselbe Stellung ein wie in der Scholastik. Von
der über ihm stehenden Geisterwelt unterscheidet sich der
Mensch dadurch, dass sein geistiges Zentrum, die Seele,
regelmässig mit einem Leibe verbunden ist, während der
Engel der Regel nach nicht auf die Gemeinschaft mit einem
Körper angewiesen ist. Nur ausnahmsweise nimmt er einen
an. Nach unten ist die Grenze schwerer zu bestimmen; denn
äusserlich gehen Mensch und Tier vielfach in einander über.
Locke glaubt nämlich, dass der Mensch mit Tieren Zeugungs-
gemeinschaft haben könne und spricht oft von den menschlichen Missgeburten, die von Tieren nicht zu unterscheiden
sind.[2]) Doch das sind ihm nur körperliche Schwierigkeiten.
Sie machen es zwar oft unmöglich zu bestimmen, ob man
ein Wesen Mensch oder Tier nennen soll; aber die Kluft
zwischen den beiden Reichen bleibt dennoch bestehen. Das
gewöhnliche Tier hat keine Seele und ist darum für seine
Handlungen nicht verantwortlich und nicht unsterblich.
Ein äusserlich fehlerloses Kind würde also dem Wesen nach
zu den Tieren zu rechnen sein, wenn es keine Seele hätte.
Und dass das vorkommt, erscheint ihm bei der völligen
Vertiertheit mancher Kinder wahrscheinlich. Wenn dagegen
Gott mit einer tierähnlichen Missgeburt eine Seele verbände,
käme dieses Wesen wegen seiner Verantwortlichkeit und
Unsterblichkeit für die sittliche und religiöse Welt ganz wie
ein normaler Mensch in Betracht.

Die Grundlage zu dieser höheren Bedeutung des Menschen
liegt in der Verantwortlichkeit; diese aber hat die Freiheit
des Willens zur Voraussetzung. Mit ihr beschäftigt sich
darum Locke besonders eingehend. Das 21. Kapitel des

[1]) IV, 3, 6. Works III. 32 ff.
[2]) III, 6, 23. 26 f; 11, 12.

3*

2. Buches, das davon handelt, ist das längste des ganzen
Essays und das einzige, das Locke nach dem Erscheinen der
1. Auflage dem Sinne nach noch umgearbeitet hat.[1] Ausserdem ist es insofern eigenthümlich, als es von allem, was
Locke geschrieben hat, am schwersten zu verstehen sein
dürfte. Da aber die bisherigen Darstellungen der Lockeschen Lehre von der Willensfreiheit schwerlich als genügend
angesehen werden können, will ich näher darauf eingehen,
zumal gerade hier wieder der Einfluss des Nominalismus auf
Locke klar hervortritt.

Wie einem echten Scholastiker ist auch ihm die Frage
schon von vornherein entschieden. Sittlich ist bei ihm, wie
bei Biel, das, was dem von Gott willkürlich festgesetzten
und geoffenbarten Sittengesetze entspricht.[2] Wer diesem
Gesetze entgegenhandelt, wird bestraft; wer es befolgt, er-
hält seinen Lohn.[3] Da aber Gott nicht ungerecht strafen
kann, muss sich der Mensch frei für oder gegen eine Vor-
schrift entscheiden können.[4] Ebenso sagt Buridan: Die Seele
muss frei sein; denn Glaube und Sittlichkeit setzen es vor-
aus.[5] Nun erst beginnt die philosophische Erörterung, und
zwar mit einem echt nominalistischen Grundsatze. Ganz
wie Buridan[6] sagt nämlich Locke: Da Verstand und Wille
keine Realitäten, sondern nur Namen für bestimmte Aeusserungen der Seele sind, kann man überhaupt nicht von einer
Freiheit des Willens, sondern nur von einer Freiheit der
Seele reden.[7]

Diese Freiheit besteht II, 21, 47. 52. 71 gemäss zunächst
darin, dass die Seele den Begierden und Wünschen,

[1] Brief an den Leser vor dem Essay.
[2] Vgl. Linsenmann 646 mit Gavamacul, Versuch einer zusammen-
fassenden Darstellung der pädag. Ansichten J. Lockes, Inaug.-Diss.,
Berlin 1 87, S. 25.
[3] II, 27, 13. 15. 22; 28, 8. Works III, 492.
[4] IV, 17, 4.
[5] Stöckl II, 1025.
[6] Stöckl II, 1023.
[7] II, 21, 14. 16. Brief an Limborch vom 12. 8. 1701.

die oft, ohne dass sie es hindern kann, auf sie eindringen, nicht zu gehorchen braucht. Denn Begehren ist nicht Wollen.[1]) Die Begierde ist keine Herrin, die selbständig handeln kann. Die Seelensubstanz allein kann handeln, und von ihr hängt es ab, ob sie das ungestüm Verlangte will oder nicht will. Wenn sie schwach ist, so giebt sie allerdings ohne weiteres nach;[2]) aber sie kann auch sagen: ich möchte zwar gern, aber ich will nicht, und je selbständiger sie ist, desto öfter macht sie von dieser Fähigkeit, selbst dem heftigsten Verlangen entgegenzuhandeln, Gebrauch: gerade darin besteht ihre Freiheit.

Wünschen und doch nicht handeln ist aber nur ein Uebergangsstadium. Dadurch haben wir nur Zeit gewonnen, die wahre Richtschnur zum Handeln zu suchen. Diese Richtschnur aber ist die Erkenntnis. Die Vernunft beginnt ihre Arbeit,[3]) oder besser, die Seele beginnt kraft ihres Vernunftvermögens zu überlegen, ob sie die gewünschte Handlung wollen oder nicht wollen soll. Zwar sieht sie, wenn sie die geistigen Augen öffnet, nur das, was sie sieht, und für das, was ihr gut scheint, entscheidet sie sich. Insofern ist sie allerdings unfrei. Aber es hängt auch oft von ihr ab, ob sie sehen will.[4]) Wie ich die leiblichen Augen vor mancherlei verschliessen kann, so kann ich auch geistig nicht sehen wollen, was ich sehen könnte und nur die meinen Wünschen günstige Seite der Dinge betrachten, obwohl ich mit leichter Mühe auch die entgegengesetzte anschauen könnte.

In zweiter Linie beruht also die Freiheit darauf, dass der Mensch das Erkenntnisvermögen, die letzte Instanz aller Handlungen,[5]) selbst leiten kann, dass er nicht der Sklave seiner Vernunft ist.[6]) Die Seele kann die Folgen einer be-

[1]) II, 21, 30. Brief an Limborch vom 21. 5. 1701.
[2]) II, 21, 12. 53.
[3]) II, 21, 52.
[4]) II, 21, 5. Brief an Limborch vom 21. 5. 1701 und vom 28. 9. 1702.
[5]) Cond. of underst. § 1.
[6]) Cond. § 2.

stimmten Handlung dem gegenüberstellen, was sich ergäbe,
wenn sie die Handlung unterliesse.[1] Erst nach diesen Ueber-
legungen folgt die Entscheidung. Dabei ist die Seele allerdings nicht mehr frei; denn dann[2] entscheidet sie sich notwendig für das, was sie als das Beste ansieht. Aber diese
Entscheidung kann ebenso gut gegen wie für das ursprüngliche Verlangen sein. Denn man sieht oft ein, dass es besser
ist, einen Wunsch nicht zu erfüllen, als ihm zu entsprechen.

Auch nach dem Entschluss ist für die Seele keine innere
Freiheit mehr möglich. Denn wenn man einmal nicht nur
mehr wünscht, sondern entschlossen ist, so bleibt nichts
übrig, als alle Hebel zur Verwirklichung des Planes anzu-
setzen. Wenn man jetzt noch von Freiheit redet, so kann
das nur bedeuten, dass entweder die Bahn völlig frei ist,[3]
oder dass sich der Ausführung des Entschlusses Hindernisse
in den Weg stellen.

Genau so lautet nun auch Buridans Lehre von der Freiheit. Freiheit ist nach ihm nur insofern möglich, als man
die Entscheidung aufschieben und sich dann planmässig
zwingen kann, den Gegenstand von einer anderen Seite an-
zusehen, um gegebenenfalls das erste Urteil zu ändern.[4]
Das einzig Originelle, das Locke bei der Behandlung dieser
Frage vorbringt, scheint der Gedanke zu sein, dass nicht
das Glück, sondern der Mangel an Glück, die Unbehaglich-
keit oder der Schmerz uns zum Handeln treibt.[5]

4. Diesen Grundsatz, dass die Unlust der eigentliche
Sporn zu allem Handeln sei, wendet Locke auch auf die
Moral an, indem er als den besten und festesten Stützpunkt
für alle Sittlichkeit die Furcht vor der Hölle hinstellt.[6]

[1] II, 21, 52.
[2] II, 21, 23. 25. 48.
[3] II, 21, 21.
[4] Stöckl 631. Vgl. Stöckl II, 1025 und Ritter. Gesch. der Phil.
8. Band, unter Buridan.
[5] II, 21, 29 ff. 38. 59. 68.
[6] II, 21, 70. Works VI, 148 ff.

Ganz im Sinne der scholastischen Theologie fasst nämlich
auch er das menschliche Leben als eine Pilgerfahrt auf. Je
nachdem, wie diese ausfällt, werden wir im Jenseits belohnt
oder bestraft.[1]) Wie ein irdischer Gesetzgeber für Ueber-
tretungen Strafen festsetzt, so schreckt uns Gott zu unserm
Heile durch ewige Höllenstrafen vor dem Bösen zurück.[2])
Wer hingegen Gottes Willen gewissenhaft zu erfüllen be-
strebt ist, wird dereinst durch ewiges Glück belohnt.

Durch den Tod treten wir in diesen überirdischen Zustand ein. Denn nur der Körper stirbt, indem er sich in
seine materiellen Bestandteile auflöst. Die Seele dagegen
kann, da sie ein eigenes Wesen ist, den Leichnam verlassen
und weiter leben. Das ist für Locke so selbstverständlich,
dass es nach ihm nicht einmal die bösen Menschen, denen
die Unsterblichkeit unangenehm ist, leugnen können. Sie
helfen sich mit einer Ausflucht. Denn so fest stand damals
noch die mittelalterliche Seelenlehre, dass sie nicht etwa
sagen: es giebt nur Materie und keine Seele, sondern annehmen, wie Gott die Seele geschaffen habe, so vernichte
er sie nach dem Tode des Leibes auch wieder; d. h. die
Substanz verschwinde geradezu aus dem Reiche der Wirklichkeit, an ihre Stelle trete wieder leerer Raum. Locke
selbst dagegen ist fest überzeugt,[3]) dass für jede Seele nach
dem Tode des Körpers der grosse und furchtbare Tag des
Gerichtes kommt, wo über ihr Los für die Ewigkeit entschieden wird.

Womit sich die körperlosen Seelen dann beschäftigen, weiss
auch Locke nicht anzugeben. Jedenfalls denkt er sich wie
die mittelalterlichen Denker, dass sie mit den reinen Geistern
verkehren, die von Anfang an bestimmt sind, ohne Körper
zu leben, die guten mit den Engeln, die verdammten mit den
Teufeln. So viel aber glaubt er durch göttliche Offenbarung

---

[1]) IV, 14, 2. cond. of und. § 8.
[2]) I, 3, 6. II, 28. 7 f.
[3]) II, 21, 70; 27, 13. 22; 28, 8. Works III, 476; VI, 148.

sicher zu wissen, dass schliesslich die Seelen der Gestor-
benen wieder mit einem materiellen Körper bekleidet werden.
Zwar braucht dieser Leib nicht, führt er aus, aus denselben
Atomen zu bestehen, die im Augenblicke des Todes zu der
betreffenden Seele gehörten; aber es ist doch ein wirklicher
Körper, worin man den alten wiedererkennt. Auch die Erde
wird dann umgestaltet werden, und die Guten werden in
diesem Idealzustande das Leben ewig in vollen Zügen ge-
niessen.[1]

III. Nicht nur Lockes ganzes Leben ist, wie Bourne
sagt, von religiösem Geiste durchdrungen, sondern auch
sein ganzes Denken ist, wie wir gesehen haben, von der
theologischen Philosophie des Mittelalters beherrscht. Wie
uneingeschränkt ihn die mittelalterlichen Gedankenkreise
beherrschen und wie wenig er ein revolutionärer Neuerer
ist, ergiebt sich vielleicht noch klarer aus seiner Geschichtsauffassung. „Der Stammvater der Menschen, in welchem
alle sündigten, Christus, in dem alle erlöst wurden, und die
Wiederkunft, in der alle gerichtet werden, sind für den
mittelalterlichen Menschen feste Punkte, zwischen denen die
Deutung der Thatsachen der Geschichte ihre Fäden zieht.“
Diese Worte Diltheys (Einl. in die Geisteswiss. 1883. I, 425)
gelten auch von Locke. Wie im Mittelalter jede Stadt-
chronik mit dem biblischen Sechstagewerk beginnt, so setzt
auch Lockes geschichtliches Denken im Paradiese an. Adam
und Eva sind ihm das erste Menschenpaar.[2] Ihr Leib ist
ursprünglich wie die Seele zur Unsterblichkeit bestimmt. Da
sich aber beide versündigen, indem sie trotz des göttlichen Verbotes vom Baume des Lebens essen, verfällt ihr
Leib zur Strafe dem Tode.[3] Auch auf die Nachkommen
vererbt sich diese Sterblichkeit des Leibes, und damit beginnt die Zeit der menschlichen Verirrungen, deren erste

[1] II. 27. 15. IV. 4. 15. Works III. 316. 477.
[2] II. 14. 25. 31.
[3] Reasonableness of christ. Works VI, 4 ff.

Periode mit der grossen Strafflut abschliesst. Dass Locke
in dieser Weise alle Einzelheiten der biblischen Geschichte
annimmt, erkennen wir deutlich an einzelnen Stellen, wo
ihm Lamech und Adah, Methusalem und Enoch, der brennende
Dornbusch, die Wunder der ägyptischen Zauberer und der
Richter Gideon als ebenso gute geschichtliche Beispiele
dienen wie irgend ein anderes Ereignis. Je mehr wir in
seine Schriften eindringen und seine ehrliche Frömmigkeit
kennen lernen, desto weniger können wir daran zweifeln,
dass er ganz im Sinne des Mittelalters die Bibel mit all
ihren Erzählungen als ein einheitliches unter göttlicher Auf-
sicht geschriebenes Geschichtswerk ansieht. Doch nicht
nur das. Auch die griechischen Sagen sind ihm Wahrheit,
und zwar ordnen sie sich ganz wunderbar in sein Bild der
Weltgeschichte ein. So weiss er ganz genau, dass 1144 Jahre
nach der Sündflut die Argonauten ihre abenteuerliche Fahrt
unternahmen, und dass der trojanische Krieg 1214 Jahre
nach der Flut, im 2871. Jahre der Welt ausbrach.[1] Zwar
erfahren wir nicht ausdrücklich, wie er sich die Wunder-
thaten der griechischen Götter erklärt. Doch dürfen wir
unbedenklich annehmen, dass er dahinter in Uebereinstimmung mit dem ganzen Mittelalter alles Ernstes den Satan
sieht, der mit seinem Heere von bösen Geistern in dieser
Vermummung die Menschen in die Irre führt.

Als infolgedessen die Verwirrung im Menschengeschlechte
den Gipfel erreicht hatte, als die Welt sichtlich dem Ver-
derben entgegenging,[2] da erbarmte sich, so denkt Locke
weiter, der Weltenlenker und schickte den seit Jahrtausen-
den verheissenen Messias. Wie Adam als unmittelbares Geschöpf Gottes in gewissem Sinne Gottes Sohn war, so war
auch er als der ohne Mann empfangene Sohn Marias, allerdings in einem vollkommeneren Sinne, der Sohn Gottes.[3]

[1] Anfang der history of navigation.
[2] Works VI, 144.
[3] Works VI, 106.

Aber er verwirkte seine Sohnschaft nicht wie Adam durch eine Sünde. Vielmehr hat er in seinem Leben wie in seiner Lehre den Menschen für alle Zeiten die einzig brauchbare Richtschnur für ihr ganzes Thun gegeben. Durch unerhörte Wunder beglaubigte Jesus allen bisherigen Lehrern der Menschheit gegenüber seine göttliche Sendung. Die Apostel verbreiteten die Kunde von diesem zweiten Angelpunkte der Geschichte über die ganze Erde. Auch sie unterstützte Gott durch Wunder, und noch lange genoss selbst die Kirche das Vorrecht, in ihrer Wirksamkeit durch Wunder begünstigt zu werden.

Erst eine Schrift über den grossen französischen Bibelforscher Richard Simon weckte in Locke einige kritische Gedanken. Im Alter von 53 Jahren schrieb er vertraulich an einen Freund,[1] manche der aufgeworfenen Fragen verdienten wenigstens untersucht zu werden; denn wenn alles unmittelbar von Gott eingegeben sei, ergäben sich doch Schwierigkeiten. Wie behutsam Locke dennoch blieb, beweist ein Brief, worin er sich 7 Jahre später bei demselben Freunde vorsichtig erkundigt, ob auch nach dem Tode der Apostel noch glaubwürdige Zeugen von Wundern sprächen, die im Interesse der Kirche gewirkt worden seien. Er hält das für wahrscheinlich und fragt, ob man etwa annehmen dürfe, dass die Kirche diese Gunst bis auf Constantin, also die Zeit der Verfolgung hindurch, genossen habe.

Ziel und Ende aller geschichtlichen Entwickelung ist für ihn naturgemäss der Sieg der christlichen Religion, und darum ist auch das Neue Testament die vollkommenste Sittenlehre; denn es allein beurteilt alles menschliche Thun nach den Grundsätzen des im Jenseits über jeden Einzelnen zu Gerichte sitzenden allmächtigen Gottes. (I, 3, 6; Works II, 407; VI, 138 ff.) In dieser Gesinnung ist Locke auch gestorben.[2] Am Vorabende seines Todes versammelte er seine

---

[1] Works IX, 6.
[2] King, Life of Locke 1864, S. 267. Bourne II, 559 f.

Freunde um sich und empfahl ihnen Christus als Vorbild, wenn sie auf Erden glücklich und im andern Leben selig werden wollten. Am folgenden Tage verschied er, während Lady Masham, bei der er wohnte, ihm auf seinen ausdrücklichen Wunsch aus den Psalmen des Alten Testamentes vorlas. Seinem Freunde Collins hinterliess er als sein schriftliches Vermächtnis die Worte: „Das Leben ist eitel. Befriedigung gewährt nur Gutesthun und Hoffnung auf ein Leben im Jenseits. Das ist meine Erfahrung."[1]

„Sein Tod war wie sein Leben," sagt Lady Masham.[2] Und doch soll dieser Locke das auf Bibel und Tradition errichtete theologisch-philosophische System des Mittelalters niedergerissen und einer Erkenntnistheorie gehuldigt haben, die notwendig zu dem frivolen Materialismus der französischen Encyklopädisten führte? Das wäre rätselhaft. Leicht erklärlich und natürlich erscheint es uns aber nunmehr, dass er sich ganz und gar in den Gedankengängen der zu seiner Zeit noch allgemein herrschenden Scholastik bewegte.

C. Hiermit habe ich das in der Einleitung gegebene Versprechen erfüllt. Auf der Grundlage, dass bei Locke die Seele nicht das Gehirn, sondern jene reale unsterbliche Substanz ist, die, ausgerüstet mit hohen Fähigkeiten, von Gott in den wichtigsten Punkt des Gehirns gesetzt und bestimmt ist, von aussen durch die Sinne angeregt zu werden und auf Grund des in ihr dadurch erzeugten selbstbewussten Lebens nach eigenen Entschlüssen durch Vermittelung der Nerven den Körper zu bewegen und so wieder in die Aussenwelt hineinzuwirken, auf dieser Grundlage glaube ich gezeigt zu haben, dass Lockes Erkenntnistheorie und seine Ansicht von den Graden des Wissens und den Grenzen des menschlichen Erkennens meist genau mit den Grundsätzen des Nominalismus übereinstimmt. Ferner hoffe ich dargelegt zu haben, dass Lockes Weltbild, ausgenommen die Astronomie,

[1] Works IX, 295.
[2] Bourne II, 563.

mit ebenso gutem Rechte wie seine Geschichtsauffassung als durch und durch scholastisch bezeichnet werden kann.

Muss nun darum Locke in unserer Achtung sinken? Prantl sagt zwar[1]): „Für einen Philosophen wird hoffentlich Niemand irgend einen Autor des Mittelalters halten," und nach ihm dürften wir auch Locke nur einen „sogenannten Philosophen"[2]) nennen. Aber richtiger urteilt wohl Hauréau, wenn er die Nominalisten als Vertreter des gesunden Menschenverstandes (école du bon sens) rühmt.[3]) Und ihm zur Seite steht bei diesem Urteile ein berühmterer Kenner der Scholastik, Leibniz. „Die Nominalistenschule, sagt dieser, ist unter allen Schulen des Mittelalters die tiefsinnigste und steht unserer heutigen verbesserten philosophischen Methode am nächsten."[4])

[1]) Prantl, Gesch. der Logik III, 208.
[2]) Prantl, über den Universalienstreit, Sitzgsber. der Münch. Akad. d. Wiss. 1864, 2. Band S. 59.
[3]) Hauréau 446.
[4]) Hauréau, Motto auf dem Titelblatt: Secta nominalium omnium inter scholasticas profundissima et hodiernae reformatae philosophandi rationi congruentissima est.